John Wesley Powell

Héroe de los Estados Unidos

por Suzanne Curtis

Filter Press, LLC
Palmer Lake, Colorado

John Wesley Powell
por Suzanne Curtis

A los tres hombres que están decididos a
ponerle aventura a mi vida: mi esposo,
Mike, y nuestros hijos, Kevin y Cody.

ISBN: 978-0-86541-178-4
LCCN: 2013947131

Producido con el apoyo de la organización Colorado Humanities y
el fondo National Endowment for the Humanities. Las opiniones,
hallazgos, conclusiones o recomendaciones expresadas en la presente
publicación no necesariamente representan los de la organización
Colorado Humanities o los del fondo National Endowment for the
Humanities.

Foto de portada cortesía del Servicio Geológico de los Estados Unidos,
obtenida en Northern Arizona University, biblioteca Cline Library

Impreso en los Estados Unidos de América

Publicado por Filter Press, LLC, en cooperación con
las Escuelas Públicas de Denver y la organización
Colorado Humanities.

John Wesley Powell

Héroe de los Estados Unidos

Grandes vidas de la historia de Colorado

Contenido

John Wesley Powell, 1834–1902

Introducción

En las profundidades del Gran Cañón, John Wesley Powell y sus hombres luchaban para impedir que sus cuatro botes volcaran en los agitados rápidos de Colorado River.

Los hombres de Powell fueron los primeros estadounidenses blancos en explorar el Gran Cañón. Ningún hombre blanco había visto antes desde el río las bellezas naturales del **cañón** ni lo había atravesado navegando. Nunca podrían haber imaginado la belleza de las rocas y la vegetación ni los colores que el amanecer y el atardecer formaban en los acantilados. Junto con la belleza venían también los peligros. Powell sabía que él o su equipo podían lesionarse o morir en cualquier momento. Se encontraban en aguas **inexploradas**.

Wes es reconocido por haber explorado y cartografiado el Gran Cañón. En 1869, lideró a un grupo de nueve hombres en cuatro botes río abajo por el Colorado River a través de los peligrosos rápidos, donde ningún otro hombre había estado antes.

Los primeros años

Cuando John Wesley Powell nació el 24 de marzo de 1834, sus padres, Mary y Joseph Powell, creían que algún día sería un líder importante. Su familia **emigró** de Inglaterra a los Estados Unidos cuatro años antes de que él naciera. Se establecieron en Mount Morris, Nueva York. Mary y Joseph espcraban que su hijo fuera **predicador** cuando creciera. John Wesley Powell—o Wes, como le decía su familia—de hecho sc convertiría en una persona famosa por liderar a la gente, aunque de otra manera.

Wes se crió junto a sus siete hermanas y hermanos. Tenía dos hermanas mayores, pero él era el mayor de los varones. La educación escolar era importante para sus padres. La madre les enseñó a leer a sus hijos. Tocaba el piano y les enseñó a cantar.

Cuando Wes tenía cuatro años, su familia

se mudó a Jackson, Ohio, donde vivieron durante ocho años. El padre de Wes era un predicador metodista que a menudo hablaba sobre los males de la **esclavitud**. La familia Powell pensaba que estaba mal que las personas fueran dueñas de otras. Mucha gente en Ohio no compartía esta postura sobre la esclavitud. Los niños en la escuela se burlaban de Wes y lo acosaban porque su familia estaba en contra de la esclavitud. Sus padres decidieron que era mejor que Wes dejara la escuela y le pidieron a su vecino, George Crookham, que fuera su maestro.

Wes aprendió sobre la naturaleza con el Sr. Crookham. Durante las caminatas por el campo, el Sr. Crookham le contaba a Wes sobre los distintos tipos de **hábitats** de animales que había a su alrededor. Recogían hojas de plantas, muestras de suelo y piedras, huesos de animales y pieles de serpiente. Escuchaban a los pájaros cantar en los árboles y observaban cómo los animales cazaban para

WESLEYAN'S FIRST BUILDING, 1856

De jovencito, Wes enseñó en la universidad metodista Illinois Wesleyan School. Esta es la primera foto de joven que se conoce de John Wesley Powell. Fue tomada cuando era maestro y director en Hennepin, Illinois.

comer. Wes y el Sr. Crookham montaron un museo de **historia natural** con las muestras que recogían.

Wes pasaba muchos días con el Sr. Crookham. Siguió aprendiendo sobre la importancia de luchar por la igualdad de todas las personas. Una vez, Wes y el Sr. Crookham fueron en la carreta de este último a una cueva cercana. Tres esclavos prófugos salieron y se llevaron una bolsa con alimentos y ropa limpia de la carreta. El Sr. Crookham le explicó a Wes que él formaba parte de la red clandestina Underground Railroad, que era un camino secreto de casas e iglesias seguras que los esclavos usaban para escapar del sur y ser libres.

La familia de Wes se mudó a una granja de Wisconsin cuando tenía doce años. Su padre a menudo estaba lejos de casa predicando contra la esclavitud. Wes era el hijo varón mayor, de modo que era su deber encargarse de la granja y mantener a su familia. No tenía tiempo de ir a la escuela, pero estaba **decidido** a continuar aprendiendo sobre la naturaleza.

El maestro

En 1852, cuando Wes tenía dieciocho años, comenzó a dar clases en una escuela de un solo salón. Estudió **gramática**, matemática y **geografía** durante seis semanas a fin de prepararse para enseñar antes de comenzar a trabajar.

Con el transcurso del tiempo, empezó a hacerse cada vez más conocido por lo que sabía sobre la naturaleza. En 1857, obtuvo un trabajo nuevo como curador de la Sociedad de Historia Natural del Estado de Illinois. Un curador es la persona a cargo de un museo. Durante este tiempo, también dio clases en una escuela de Hennepin, Illinois, y viajó por todo el país dando conferencias sobre la naturaleza. Participó de varias **expediciones**, en las que recogió muestras de la naturaleza, como solía hacer con el Sr. Crookham.

El soldado

Wes puso su carrera como maestro a un lado temporalmente cuando estalló la **Guerra Civil de los Estado Unidos**. Esta guerra tuvo lugar porque algunos estados querían mantener la esclavitud y otros no. El Presidente Lincoln convocó a los hombres a combatir y, el 8 de mayo de 1861, John Wesley Powell se ofreció como voluntario para luchar en el Ejército de la Unión. Siempre tuvo facilidad para aprender, de modo que rápidamente se formó como soldado. Poco después de unirse al ejército se convirtió en oficial, que es una persona que tiene a otros soldados a su cargo.

En noviembre de 1861, el General Ulysses S. Grant le dio permiso a Wes para ausentarse por un tiempo breve con el fin de que fuera a Michigan a casarse con Emma Dean, a quien había conocido en 1855. A Emma la

John Wesley Powell en 1862. Wes tiene puesto su uniforme de guerra y sostiene su manga derecha vacía porque le amputaron el brazo.

autorizaron a viajar con Wes a St. Louis para que estuviera con él en el campamento del ejército.

Emma Dean Powell, la esposa de John Wesley Powell.

Wes fue **afortunado** de tener a Emma con él. Pocos meses después de que se casaron, él y sus hombres lucharon en la Batalla de Shiloh en Tennessee. Wes estaba a cargo de dirigir a sus soldados en la batalla. Cuando estaba levantando el brazo para dar la orden de disparar, una **bala de mosquete** le dio en la muñeca y le recorrió el brazo hasta llegar casi hasta el codo. Hubo que amputarle el brazo, o cortárselo, por debajo del codo debido a los daños producidos por la bala de mosquete.

Emma lo cuidó durante tres meses mientras su brazo se curaba. Wes era diestro, pero ahora ya no tenía la mano derecha. Tuvo que aprender a hacer todo de nuevo con la mano izquierda, desde escribir hasta atarse los cordones de los zapatos. Cuando se recuperó, regresó al combate. Wes estaba decidido a luchar contra la esclavitud.

El explorador de montañas

Luego de que la guerra terminó en 1865, Wes retomó la docencia. Se convirtió en profesor, es decir, alguien que da clases a estudiantes universitarios, en la universidad metodista Illinois Wesleyan University. Enseñaba **geología**. Durante este tiempo, salía con grupos de estudiantes a explorar y recoger **fósiles**, minerales y plantas. Wes y sus estudiantes también observaban animales en su hábitat natural.

En 1867, dirigió a un grupo de estudiantes hasta las Montañas Rocosas en Colorado para explorar y recoger muestras de la naturaleza. El grupo viajó en tren, en carreta, en mulas y a caballo para llegar a Colorado.

Cuando llegaron a Denver, encontraron un poblado fronterizo de menos de cinco mil habitantes. Las calles de tierra tenían algunos caminos de madera (aceras hechas de tablones) para que la gente caminara sobre ellos y no pisara ni la tierra ni el barro.

El 2 de julio, el grupo viajó cincuenta millas al sur y escaló Pikes Peak, su primera **montaña de catorce mil pies**. Emma hizo el ascenso de 14.110 pies por encima del nivel del mar con Wes y los otros hombres. Treparon por peñascos y árboles caídos quemados por incendios forestales. La gran **altitud** los hacía jadear porque a medida que ascendían había menos oxígeno en el aire. Pasaron esa noche en la ladera de la montaña envueltos en mantas y ponchos para mantenerse abrigados. A la mañana siguiente llegaron al pico, o la cumbre. Pikes Peak ya había sido escalado antes, pero Emma era una de las primeras mujeres blancas en hacerlo.

Luego, los estudiantes viajaron a South Park, Colorado, donde hicieron una **caminata de ascenso** por Mount Lincoln. La cima de Mount Lincoln, de 14.286 pies de altura, es más elevada que la de Pikes Peak. El grupo regresó a Illinois con las carretas rebosantes de flores silvestres, plantas, insectos, piedras, animales muertos, serpientes y pájaros para el museo de la universidad.

En 1868, Wes y Emma regresaron a Colorado. La hermana de Wes los acompañó junto con otros diecinueve vecinos y estudiantes. Este equipo explorador fue el primero en escalar Longs Peak, que tiene 14.255 pies de altura y es el punto más alto de lo que hoy es el parque nacional Rocky Mountain National Park en las Montañas Rocosas. William N. Byers, editor del periódico *Rocky Mountain News,* se unió al grupo para el ascenso. Byers escribió un reportaje sobre la escalada a la cima de Longs Peak. Pronto los cazadores y muchas otras personas comenzaron a disfrutar de este hermoso lugar.

Wes y su equipo explorador entraron en contacto con muchas tribus de indígenas.

Se hicieron amigos de los indios Yutas y aprendieron a hablar su idioma. Wes elaboró un diccionario del idioma yuta. La gente de la tribu lo llamaba "Kapurats", que significa "sin un brazo", por el brazo amputado. Wes estaba decidido a aprender todo lo que pudiera sobre el Lejano Oeste y los indígenas.

Wes y Tau-gu, jefe de los indios Paiute, uno de los tantos indígenas de los que se hizo amigo. Wes pasó treinta años aprendiendo sobre las distintas tribus indígenas, sus costumbres e idiomas.

El explorador de ríos

Parado sobre las montañas de catorce mil pies de Colorado, John Wesley Powell podía ver millas de tierras y montañas que se extendían hacia el oeste. Se sentía emocionado por lo que veía. Sabía que estaba observando tierras inexploradas y quería ser el primero en explorarlas. Recaudó dinero y mandó hacer cuatro botes pequeños para su próxima aventura, la exploración del Gran Cañón.

Wes estudió informes sobre las nacientes y la desembocadura del Colorado River. Habló con indígenas, cazadores y hombres de montaña para averiguar lo que sabían sobre la zona. El 24 de mayo de 1869, Wes y su tripulación de nueve hombres navegaron por Green River en los botes a través del territorio de Wyoming hasta llegar al Colorado River.

El viaje río abajo era peligroso. Luego de pasar un **rápido**, uno de los botes chocó con una roca y se partió en dos. Los alimentos, la vestimenta y las provisiones que estaban en el bote se cayeron al río y se perdieron. Más adelante, tres de los hombres abandonaron la expedición e intentaron regresar a pie a la civilización. Estaban cansados del peligro y de no tener suficiente comida; solo pensaban en dejar el cañón y volver a un lugar seguro. Nunca más los vieron ni se supo de ellos.

A menudo durante la expedición, Wes escalaba las laderas del cañón para tener una mejor vista de lo que había más adelante, dibujar mapas y recoger muestras de plantas o piedras. En una de estas escaladas, Wes se vio envuelto en una situación peligrosa y tuvo que ser rescatado. Había escalado un acantilado escarpado colocando su única mano y ambos pies muy cuidadosamente en las rocas a medida que ascendía. En cierto momento, saltó para alcanzar una cornisa y se agarró de la roca que se encontraba encima de su cabeza.

Encontró una pequeña **grieta** donde apoyar el pie. No podía subir ni bajar.

Wes estaba atascado en un lado del acantilado, estirado como si fuese de goma entre la roca de arriba y el diminuto punto de apoyo del pie. Estaba en puntillas y sus músculos comenzaron a temblar. Si perdía el agarre de la mano a la roca, caería al fondo del cañón. Uno de sus hombres, George Bradley, estaba con él. Bradley mantuvo la calma, se sacó los pantalones y bajó una de

Cortesia del USGS, obtenida en NAJ, biblicteca Cline Library

Wes Powell hizo tres expediciones río abajo por el Colorado River a través del Gran Cañón. Un fotógrafo fue con él en la segunda excursión y tomó esta foto al comienzo del viaje.

☞ *John Wesley Powell* 19

las piernas del pantalón para que Wes pudiera alcanzarla. Este se soltó del borde de la piedra y rápidamente agarró una pierna del pantalón. Bradley lo jaló hasta que estuvo a salvo.

La expedición río abajo por el Colorado River y a lo largo del Gran Cañón finalizó el 30 de agosto de 1869. En cien días, Wes y sus hombres recorrieron más de mil millas por los rápidos del río.

Dos años después, dirigió una segunda expedición río abajo por el Colorado River con otra tripulación de hombres. Esta vez, llevaron un fotógrafo. Wes regresó a Illinois con anotaciones, **especímenes** de la naturaleza y fotos del cañón. Estaba resuelto a **documentar** su exploración del Colorado River.

George Bradley impidió que Wes cayera al vacío en el Gran Cañón arrojándole sus pantalones por el acantilado y jalándolo hasta que estuvo a salvo.

☞ *John Wesley Powell* 21

El científico

Luego de sus exploraciones en Colorado, John Wesley Powell continuó estudiando y aprendiendo. Había muchas cosas que le interesaban.

En 1879, Wes se convirtió en director del **Departamento de Etnología** del **Instituto Smithsoniano.** Quería aprender más sobre las distintas tribus indígenas de los Estados Unidos. Había hecho muchos amigos indígenas durante sus expediciones y veía cómo su mundo iba cambiando a medida que los **pioneros** se desplazaban hacia el oeste. Sabía que era importante dejar registros de las distintas **culturas** indígenas. Quería aprender sobre los distintos idiomas que hablaban, y también sobre su historia, religión, arte y música. Wes continuó estudiando sus culturas durante el resto de su vida.

En 1881, se convirtió en director del

Servicio Geológico de los Estados Unidos. Los científicos de este servicio recopilan y estudian información sobre la Tierra como, por ejemplo, dónde nacen y desembocan los ríos. Wes también aprendió sobre suelos, agua subterránea y cómo controlar las inundaciones para impedir que ocasionaran tanta destrucción. Con toda esta información, estaba decidido a completar los mapas **topográficos** de todo el territorio de los Estados Unidos.

En enero de 1902, Wes se enfermó. Sufrió una **hemorragia** cerebral. Falleció en su casa de verano de Haven, Maine, en septiembre. Los Estados Unidos perdieron a un gran científico y héroe. Fue sepultado en el Cementerio Nacional de los Estados Unidos en Arlington, Virginia. Lo sobrevivieron su esposa, Emma Dean, y su hija, Mary.

Sesenta años después de su muerte, John Wesley Powell fue homenajeado nuevamente por sus exploraciones. Se construyó la represa de Glen Canyon para retener el agua del Colorado River y crear un nuevo lago. Las aguas del lago tardaron diecisiete años en llenar el cañón. Lake Powell es actualmente el segundo lago artificial más grande del país.

Si el único logro de John Wesley Powell hubiera sido cartografiar el Colorado River y explorar el Gran Cañón, igual se le recordaría y homenajearía en nuestros días. No obstante, hizo muchísimo más. Como etnógrafo, fue uno de los primeros estadounidenses en documentar las costumbres de los indígenas de su país. Un etnógrafo describe los pueblos y las culturas de forma científica. Wesley luchó para preservar la cultura y la historia de los indígenas a medida que su mundo iba cambiando.

Fue un héroe de la Guerra Civil de los Estado Unidos que jamás dejó de aprender. El erudito geólogo de gentiles modales protagonizó una de las aventuras más grandes en el Lejano Oeste como el primer hombre blanco que exploró el Gran Cañón. John Wesley Powell fue un verdadero héroe de los Estados Unidos.

Preguntas para reflexionar

- ¿De qué forma influyó George Crookham, el maestro de John Wesley Powell, en lo que este sería como adulto?

- ¿Por qué piensas que John Wesley Powell fue uno de los primeros hombres en ofrecerse como voluntario para luchar en la Guerra Civil?

- Los padres de John Wesley Powell querían que fuera un líder religioso, pero él eligió liderar de una forma diferente. ¿Cuál crees que fue su ejemplo de liderazgo más importante?

Preguntas para los integrantes del programa Young Chautauqua

- ¿Por qué se me recuerda (o se me debería recordar) en la historia?

- ¿Qué dificultades enfrenté y cómo las superé?

- ¿Cuál es mi contexto histórico (qué otras cosas sucedían en mi época)?

Glosario

Afortunado: que tiene suerte.

Altitud: medida de la altura por encima del nivel del mar.

Bala de mosquete: tipo de bala.

Caminata de ascenso: abrirse camino despacio y con gran esfuerzo.

Cañón: valle estrecho y profundo entre laderas empinadas por donde suelen correr ríos o arroyos.

Culturas: creencias, prácticas sociales y características de un grupo.

Decidido: cuando se ha llegado a una decisión definitiva.

Departamento de Etnología: agencia creada para documentar la historia y los idiomas de los indígenas de América del Norte.

Documentar: brindar información escrita o pruebas sobre algo.

Emigró: se fue a vivir a otro país.

Esclavitud: ser dueño de otra persona. Antes de la Guerra Civil, la esclavitud de afro-estadounidenses era común en el sur de los Estados Unidos.

Especímenes: partes de materiales que se analizan o examinan.

Expediciones: viajes que realiza un grupo de personas con el propósito de hacer descubrimientos.

Fósiles: rastros, huellas o restos de plantas o animales de épocas pasadas, que se conservan en la tierra o las rocas.

Geografía: estudio de los pueblos, el suelo, el clima y los recursos de la Tierra.

Geología: estudio de la historia de la Tierra y su evolución, especialmente de lo que ha quedado registrado en las rocas.

Gramática: reglas sobre cómo usar las palabras correctamente al escribir y al hablar.

Grieta: abertura estrecha ocasionada por una fisura o rajadura.

Guerra Civil de los Estados Unidos: guerra entre el Norte y el Sur de los Estados Unidos que se desarrolló de 1861 a 1865.

Hábitats: lugares donde las plantas o los animales viven o crecen de forma natural o habitual.

Hemorragia: gran pérdida de sangre por rotura de vasos sanguíneos.

Historia natural: estudio y descripción del mundo de la naturaleza, incluidos los minerales y los fósiles.

Inexploradas: que no están registradas o localizadas en un mapa, carta o plano; que son desconocidas.

Instituto Smithsoniano: museo en Washington, D.C. que lleva registro de la historia de los Estados Unidos, de la exploración científica y de las distintas culturas del país.

Montaña de catorce mil pies: nombre que reciben las montañas que se elevan 14.000 pies o más por encima del nivel del mar.

Pioneros: personas de otros países o regiones que son las primeras en explorar o colonizar nuevas áreas.

Predicador: persona que da charlas sobre religión o lleva a cabo servicios religiosos. También se le llama "pastor".

Rápido: parte de un río donde la corriente fluye velozmente, por lo general sobre rocas.

Topográficos: que muestran la altura y la profundidad de los elementos que aparecen en mapas o planos.

Línea cronológica

1834
Nace John Wesley Powell.

1838
Wes y su familia se mudan a Jackson, Ohio.

1846
La familia Powell se muda a Wisconsin y Wes administra la granja familiar.

1852
Wes comienza a dar clases en una escuela rural de un solo salón en Wisconsin.

1857
Wes se convierte en curador de la Sociedad de Historia del Estado de Illinois.

1861
Colorado se convierte en territorio de los Estados Unidos. Wes se ofrece como voluntario para servir en el Ejército de la Unión. Se casa con Emma Dean. Le amputan el brazo luego de la Batalla de Shiloh.

1865
Wes se convierte en profesor de Geología de la universidad Natural del metodista Illinois Wesleyan University.

1867
Una segunda expedición de Powell regresa a Colorado. El grupo escala Pikes Peak gnyy Mount Lincoln.

1868
Wes dirige a un grupo de estudiantes a Colorado para recoger muestras de la naturaleza y para escalar Longs Peak.

Línea cronológica

1869
Wes y su tripulación de nueve hombres viajan río abajo por el Colorado River y atraviesan el Gran Cañón en bote.

1871
Wes realiza un segundo viaje río abajo por el Colorado River y a través del Gran Cañón para cartografiar el río y el cañón.

1876
Colorado se convierte en el estado número 38.

1879
Wes se convierte en director del Departamento de Etnología del Instituto Smithsoniano.

1881
Wes se convierte en director del Servicio Geológico de los Estados Unidos.

1902
El 23 de septiembre fallece John Wesley Powell.

1963
Se crea el lago Lake Powell, que es bautizado así en homenaje a John Wesley Powell.

Bibliografía

Cook, Jean Thor. *John Wesley Powell: Soldier Explorer Scientist.* Palmer Lake, Colorado: Filter Press, 2006.

Flanagan, Mike. "Out West". *The Denver Post Magazine* (1986): 6–7.

John Wesley Powell of the U.S. Geological Survey. Departamento del Interior de los Estados Unidos, Servicio Geológico, (date?): 2–23.

John Wesley Powell Soldier Explorer Scientist. Departamento del Interior de los Estados Unidos, Servicio Geológico. U.S. Government Printing Office, 1970: 376–373.

Lake Powell Resorts and Marinas. "Glen Canyon Park History". Consulta del 11 de julio de 2012. http://www. lakepowell.com/glen-canyon-history. aspx.

Malone, David. "The One-Armed Explorer". Archivos y Colecciones Especiales de Wheaton College. 10 de marzo de 2009. http://recollections.liblog. wheaton. edu/2009/03/10/the-one-armed-explorer/.

Perry, Phyllis J. *A Kid's Look at Colorado.* Golden, Colorado: Fulcrum Publishing, 2005.

Powell, John Wesley. *Canyons of the Colorado.* Proyecto Gutenberg, 1902. Edición de iTunes.

Museo Powell. "The Life of John Wesley Powell". Consulta del 11 de julio de 2012. http://www. powellmuseum.org/museum_powell.php.

Worster, Donald. *A River Running West: The Life of John Wesley Powell*. New York: Oxford University Press, 2001.

Índice

Bibliogrífa / Índice

Acerca de esta serie

En 2008, la organización Colorado Humanities y el Departamento de Estudios Sociales de las Escuelas Públicas de Denver se asociaron a fin de implementar el programa Young Chautauqua de Colorado Humanities en las Escuelas Públicas de Denver y crear una serie de biografías sobre personajes históricos de Colorado, escritas por maestros para jóvenes lectores. El proyecto se denominó "Writing Biographies for Young People". Filter Press se sumó al proyecto en 2010 para publicar las biografías en una serie que se tituló "Grandes vidas en la historia de Colorado".

Los autores voluntarios, maestros de profesión, se comprometieron a investigar y escribir la biografía de un personaje histórico de su elección. Se informaron sobre el programa Young Chautauqua de Colorado Humanities a través de sus portavoces y participaron en un taller de cuatro días que incluyó el recorrido por tres importantes bibliotecas de Denver: el centro de investigación Stephen H. Hart Library and Research Center en el centro History Colorado, el Departamento de Genealogía e Historia Occidental de la biblioteca Denver Public Library y la biblioteca Blair-Caldwell African American Research Library. Para escribir las biografías, emplearon las mismas destrezas que se espera de los estudiantes: la identificación y localización de recursos confiables para la investigación, la documentación de dichos recursos y la elección de información adecuada a partir de ellos.

El resultado del esfuerzo de los maestros fue la publicación de trece biografías en 2011 y veinte en 2013. Al tener acceso a la colección curricular completa de las biografías elaboradas acorde a su edad, los estudiantes podrán leer e investigar por sus propios medios y aprender valiosas habilidades de escritura e investigación a temprana edad.

Con la lectura de cada biografía, los estudiantes adquirirán conocimientos y aprenderán a valorar las luchas y vicisitudes que superaron nuestros antepasados, la época en la que vivieron y por qué deben ser recordados en la historia.

El conocimiento es poder. Las biografías de la serie "Grandes vidas en la historia de Colorado" ayudarán a que los estudiantes de Colorado descubran lo emocionante que es aprender historia a través de las vidas de sus héroes.

Se puede obtener información sobre la serie a través de cualquiera de los tres socios:

Filter Press en www.FilterPressBooks.com
Colorado Humanities en www.ColoradoHumanities.org
Escuelas Públicas de Denver en curriculum.dpsk12.org/

Reconocimientos

La organización Colorado Humanities y las Escuelas Públicas de Denver agradecen a las numerosas personas que contribuyeron con la serie "Grandes vidas en la historia de Colorado". Entre ellas se encuentran:

Los maestros que aceptaron el desafío de escribir las biografías.

Dra. Jeanne Abrams, directora de la sociedad histórica judía Rocky Mountain Jewish Historical Society, y Frances Wisebart Jacobs, experta.

Paul Andrews y Nancy Humphry, Felipe y Dolores Baca, expertos.

Dra. Anne Bell, directora del programa Teaching with Primary Sources, University of Northern Colorado.

Analía Bernardi, traductora bilingüe, Escuelas Públicas de Denver.

Mary Jane Bradbury, portavoz Chautauqua de la organización Colorado Humanities, y Augusta Tabor, experta.

Joel' Bradley, coordinador de proyectos, Escuelas Públicas de Denver.

Sue Breeze, portavoz Chautauqua de la organización Colorado Humanities, y Katharine Lee Bates, experta.

Betty Jo Brenner, coordinadora de programas, organización Colorado Humanities.

Tim Brenner, editor.

Margaret Coval, directora ejecutiva, organización Colorado Humanities.

Michelle Delgado, coordinadora de Estudios Sociales de Enseñanza Primaria, Escuelas Públicas de Denver.

Jennifer Dewey, bibliotecaria de consulta, biblioteca Denver Public Library, Departamento de Genealogía e Historia Occidental.

Jen Dibbern y Laura Ruttum Senturia, biblioteca y centro de investigación Stephen H. Hart Library and Research Center, centro History Colorado.

Coi Drummond-Gehrig, director de Investigación y Ventas de Imagen Digital, biblioteca Denver Public Library.

Susan Marie Frontczak, portavoz Chautauqua de la organización Colorado Humanities y orientadora del programa Young Chautauqua.

Tony Garcia, director artístico ejecutivo de El Centro Su Teatro y Rodolfo "Corky" Gonzales, experto.

Melissa Gurney, Museos de la Ciudad de Greeley, centro de investigación Hazel E. Johnson Research Center.

Jim Havey, Productor/Fotógrafo, Havey Productions, Denver, Colorado.

Josephine Jones, directora de programas, organización Colorado Humanities.

Beth Kooima, diseñador gráfico, Kooima Kreations

Jim Kroll, director, Departamento de Genealogía e Historia Occidental, biblioteca Denver Public Library.

Steve Lee, portavoz Chautauqua de la organización Colorado Humanities, y Otto Mears, experto.

April Legg, desarrolladora de programas escolares, centro History Colorado, Programas de Educación y Desarrollo.

Nelson Molina, editor de español y asesor de traducción.

Terry Nelson, director de Recursos Comunitarios y Colecciones Especiales, biblioteca Blair-Caldwell African American Research Library, y Fannie Mae Duncan, experta.

Jessy Randall, curadora de Colecciones Especiales, Colorado College, Colorado Springs, Colorado.

Elma Ruiz, coordinadora de Estudios Sociales K–5, Escuelas Públicas de Denver, 2005–2009.

Keith Schrum, curador de libros y manuscritos, biblioteca y centro de investigación Stephen H. Hart Library and Research Center, centro History Colorado.

William Thomas, biblioteca Pikes Peak Library District.

Danny Walker, bibliotecario principal, biblioteca Blair-Caldwell African American Research Library.

Dr. William Wei, profesor de Historia, Universidad de Colorado, Boulder, y Chin Lin Sou, experto.

☞ *John Wesley Powell* 39

Acerca de la autora

Suzanne Curtis fue maestra de segundo, tercero y cuarto grado en Texas, Arizona y en Colorado, y ahora da clases en las Escuelas Públicas de Denver. Es un honor para ella escribir sobre John Wesley Powell, porque este es parte importante de la historia de Arizona, de Colorado y de los Estados Unidos.

Suzanne estudió en la Arizona State University y en Northern Arizona University. Vive en Arvada, Colorado, con su esposo, Mike, y sus dos perros beagle, Katrina y Jasper.

Acerca de la autora

John Wesley Powell

American Hero

John Wesley Powell

Powell

American Hero

by Suzanne Curtis

Filter Press, LLC
Palmer Lake, Colorado

John Wesley Powell
by Suzanne Curtis

To the three men who are determined
to add adventure in my life: my husband,
Mike, and our sons, Kevin and Cody.

ISBN: 978-0-86541-178-4
LCCN: 2013947131

Produced with the support of Colorado Humanities and the National
Endowment for the Humanities. Any views, findings, conclusions,
or recommendations expressed in this publication do not necessarily
represent those of the National Endowment for the Humanities or
Colorado Humanities.

Cover photo courtesy U.S. Geological Survey, obtained from Northern
Arizona University, Cline Library

Printed in the United States of America

Published by Filter Press, LLC, in cooperation with
Denver Public Schools and Colorado Humanities

Great Lives in Colorado History

Contents

John Wesley Powell, 1834–1902

Introduction

Deep in the Grand Canyon, John Wesley Powell and his men struggled to keep their four boats from tipping over in the churning rapids of the Colorado River.

Powell's men were the first white Americans to explore the Grand Canyon. No other white men had seen the natural wonders of the **canyon** from the river or navigated the river through the entire canyon. They could not have imagined the beauty of the rocks and plants and the colors that the sunrise and sunset made on the cliffs. Along with the beauty came dangers. Powell knew that injury or death could come at any moment for himself and his crew. They were in **uncharted** waters.

Wes is best known for exploring and mapping the Grand Canyon. In 1869 he led nine men in four boats down the Colorado River through dangerous rapids where no white man had been before.

Early Years

When John Wesley Powell was born on March 24, 1834, his parents, Mary and Joseph Powell, believed that he would be an important leader someday. His family **immigrated** from England to the United States four years before he was born. They settled in Mount Morris, New York. Mary and Joseph hoped their son would grow up to be a **preacher**. John Wesley Powell—or Wes, as his family called him—would actually become famous for leading people in a different way.

Wes grew up with seven sisters and brothers. He had two older sisters, but he was the oldest son. Education was important to his parents. His mother taught the children how to read. She played the piano and taught them to sing.

When Wes was four years old, his family moved to Jackson, Ohio, where they lived

WESLEYAN'S FIRST BUILDING, 1856

As a young man, Wes taught at Illinois Wesleyan School. This is the earliest known picture of John Wesley Powell. It was taken while he was a teacher and principal in Hennepin, Illinois.

for eight years. Wes's father was a Methodist preacher who often spoke against the evils of **slavery**. The Powell family thought that it was wrong for people to own other people. Many people in Ohio did not feel the same

4 John Wesley Powell

way about slavery. Children in school teased and bullied Wes because his family was against slavery. His parents decided it would be best for Wes to leave school. They asked their neighbor George Crookham to be his teacher.

Wes learned about nature from Mr. Crookham. On walks through the countryside, Mr. Crookham told Wes about the different animal **habitats** around them. They collected leaves from plants, samples of soil and rocks, animal bones, and snakeskins. They listened to the birds singing in the trees and watched animals hunt for food. Wes and Mr. Crookham set up a **natural history** museum with the samples they collected.

Wes spent many days with Mr. Crookham. He continued to learn about the importance of fighting for equal treatment of all people. Once when Wes and Mr. Crookham were together, they rode in Mr. Crookham's wagon to a nearby cave. Three runaway slaves came out to the wagon and picked up a bag of food

and clean clothes. Mr. Crookham explained to Wes that he was part of the Underground Railroad, which was a secret path of safe houses and churches used by slaves to escape from the South to freedom.

Wes's family moved to a farm in Wisconsin when he was 12. His father was often away from home, preaching against slavery. Wes was the oldest son, so it was his job to take care of the farm and to support his family. He did not have time to go to school, but he was **determined** to keep learning about nature.

Teacher

In 1852, when Wes was 18 years old, he began teaching school in a one-room schoolhouse. Wes studied **grammar**, mathematics, and **geography** for six weeks to prepare to teach before he began his job.

Wes was becoming well known for his knowledge about nature. In 1857 he got a new job as curator for the Illinois State Natural History Society. A curator is the person in charge of a museum. During this time, he also taught at a school in Hennepin, Illinois, and traveled around the country giving lectures on nature. He went on several **expeditions**, where he gathered samples from nature as he used to do with Mr. Crookham.

Soldier

Wes put his teaching career on hold when the **American Civil War** broke out. The Civil War was fought because some states wanted to have slavery and some did not. President Lincoln called for men to help fight the war, and John Wesley Powell volunteered to fight with the Union army on May 8, 1861. He had always been a fast learner, and he quickly learned to be a soldier. He became an officer, which is a person in charge of other soldiers, soon after he joined the military.

In November 1861, General Ulysses S. Grant gave Wes a short leave of absence to go to Michigan to marry Emma Dean, whom he had met in 1855. Emma was allowed to travel with Wes to St. Louis to be with him in the army camp.

Wes was **fortunate** to have Emma with him. A few months after they were married,

John Wesley Powell in 1862. Wes is wearing his Civil War uniform, holding his empty right sleeve because his arm was amputated.

Wes and his men fought in the Battle of Shiloh in Tennessee. Wes was in charge of leading his soldiers into the battle. As he raised

John Wesley Powell's wife, Emma Dean Powell.

his arm to give the order to fire, a **musket ball** hit his wrist and traveled up his arm almost to his elbow. His arm had to be amputated, or cut off, below the elbow because it was so damaged by the musket ball.

Emma took care of him for three months while his arm healed. Wes was right-handed, but now his right hand was gone. He had to learn to do everything, from writing to tying his shoes, with only his left hand. When he was healthy again, he returned to battle. Wes was determined to fight to end slavery.

Mountain Explorer

After the war ended in 1865, Wes returned to teaching. He became a professor, someone who teaches college students, at Illinois Wesleyan University. He taught **geology**. During this time, he took groups of students on explorations to collect **fossils**, minerals, and plants. Wes and his students also observed animals in their natural habitats.

In 1867 he led a group of students to the Rocky Mountains in Colorado to explore and collect nature samples. The group traveled by train, wagon, mules, and horseback to get to Colorado.

When they arrived in Denver, they found a frontier town of fewer than 5,000 people. The dirt streets had few boardwalks (sidewalks made of wooden planks) for people to walk on to get out of the dust and mud.

On July 2, the group traveled 50 miles south and climbed Pikes Peak, their first **fourteener**. Emma made the climb to 14,110 feet above sea level with Wes and the other men. They crawled over boulders and fallen trees burned by forest fires. The high **altitude** made them pant for breath because as they climbed higher, there was less oxygen in the air. They spent the night on the mountainside wrapped in blankets and ponchos to keep warm. The next morning, they reached the peak, or the top. Pikes Peak had been climbed before, but Emma was one of the first white women to do so.

The students then traveled to South Park, Colorado, where they **trekked** up Mount Lincoln. With an elevation of 14,286 feet, the summit of Mount Lincoln is higher than Pikes Peak. The group returned to Illinois with wagons full of wildflowers, plants, insects, rocks, dead animals, snakes, and birds for the university's museum.

Wes and Emma returned to Colorado in 1868. Wes's sister joined them along with 19 neighbors and students. This exploration party was the first to climb Longs Peak, with an elevation of 14,255 feet—the highest point in what is now Rocky Mountain National Park. William N. Byers, the editor of the *Rocky Mountain News,* joined the group for the climb. Byers wrote a newspaper report about the climb to the top of Longs Peak. Soon hunters and many other people came to enjoy this beautiful area.

Wes and his exploration party came into contact with many Native American tribes. He became friends with members of the Ute tribe and learned to speak their language. Wes created a dictionary of the Ute language. The people of the Ute tribe named him Kapurats, or One-Arm-Off, because of his amputated arm. Wes was determined to learn as much as possible about the West and Native Americans.

Wes with Tau-gu, a chief of the Paiute Indians, one of the many Native Americans who became his friend. Wes spent 30 years learning about the different Native American tribes, their customs, and their languages.

River Explorer

As John Wesley Powell stood on top of
the fourteeners of Colorado, he saw miles of
land and mountains stretching to the West.
He was excited about what he saw. He knew
he was seeing unexplored land, and he wanted
to be the first to explore it. He collected
money and had four small boats built for his
next adventure—an exploration of the Grand
Canyon.

Wes studied reports about the beginning
and end of the Colorado River. He talked to
Native Americans, hunters, and mountain
men to find out what they knew about the
area. On May 24, 1869, Wes and his crew of
nine men traveled in their boats on the Green
River through Wyoming Territory to reach the
Colorado River.

The trip down the river was dangerous.
One of the boats crashed into a rock after

going over a **rapid** and broke in half. The food, clothes, and supplies on the boat fell into the river and were lost. Later in the trip, three of the men left to try to walk back to civilization. They were tired of the danger and not having enough food, and they wanted to be out of the canyon and back to where it was safe. They were never seen or heard from again.

Often during the trip, Wes climbed up the walls of the canyon to get a better view of

Wes Powell made three trips down the Colorado River through the Grand Canyon. A photographer went on the second trip and took this picture at the beginning of that trip.

what was ahead, to draw maps, and to collect samples of plants or rocks. On one of his climbs, Wes got into a dangerous situation and had to be rescued. He climbed a sheer cliff by placing his one hand and both feet very carefully on the rocks as he climbed. At one point, he jumped to reach a ledge and grasped the rock above his head. His foot found a tiny **crevice** to rest on. He could not climb up and could not step down.

Wes was stuck on the side of cliff, stretched like a rubber band between the rock above and the tiny foothold below. He was standing on his tiptoes, and his muscles began to tremble. If he lost his hold on the rock, he would fall to the bottom of the canyon. One of his men, George Bradley, was with him. Bradley stayed calm and took off his pants and lowered one end down to Wes. Wes let go of the rock edge and quickly grabbed the leg of the pants. Bradley pulled him to safety.

Wes's expedition down the Colorado River

George Bradley rescued Wes from falling into the Grand Canyon by throwing his pants over a cliff and pulling him to safety.

John Wesley Powell 19

and through the Grand Canyon ended on August 30, 1869. He and his men traveled more than 1,000 miles of river rapids in 100 days.

Two years later, he led a second trip down the Colorado River with a different crew of men. This time, a photographer went along. Wes returned to Illinois with notes, nature **specimens**, and pictures of the canyon. He was determined to **document** his exploration of the Colorado River.

Scientist

After his explorations in Colorado, John Wesley Powell continued to study and learn. Many things were interesting to him.

In 1879 Wes became the director of the **Bureau of Ethnology** in the **Smithsonian Institution**. He wanted to learn more about the different Native American tribes in the United States. He had made friends with many Native Americans during his expeditions. He saw how their world was changing as **pioneers** moved west. He knew that it was important to make a record of the different Native American **cultures**. He wanted to learn about the different languages they spoke and their history, religion, art, and music. Wes continued to study their cultures for the rest of his life.

In 1881 Wes became the director of the U.S. Geological Survey. This is a science

organization that gathers information about the Earth such as where rivers begin and end, and where different minerals and natural resources are located. Wes also learned about soil, groundwater, and how to control floods to keep them from causing so much destruction. He used all this information and was determined to complete **topographic** maps of the entire United States.

John Wesley Powell became ill in January 1902. He had a brain **hemorrhage**. He died at his summer home in Haven, Maine, the following September. The United States had lost a great scientist and hero. He was buried in the U.S. National Cemetery in Arlington, Virginia. His wife, Emma Dean, and daughter, Mary, survived him.

John Wesley Powell was honored for his explorations 60 years after his death. The Glen Canyon Dam was built to hold back the waters of the Colorado River and to create a new lake. It took 17 years for the lake to

fill the canyon walls. Lake Powell is now the second-largest man-made lake in the country.

If John Wesley Powell's only achievement had been mapping the Colorado River and exploring the Grand Canyon, he would still be remembered and honored today. Yet he did so much more. As an ethnographer, he was one of the first Americans to document the ways of the Native American people. An ethnographer describes peoples and cultures in a scientific way. He worked to preserve their cultures and history as their world changed. He was a Civil War hero who never stopped learning. The mild-mannered, scholarly geologist had one of the greatest adventures in the American West as the first white man to explore the Grand Canyon. John Wesley Powell was a true American hero.

Questions to Think About

- How did John Wesley Powell's teacher, George Crookham, influence what Wes would become as an adult?

- Why do you think John Wesley Powell was one of the first men to volunteer to fight in the Civil War?

- John Wesley Powell's parents wanted him to be a religious leader, but he chose to lead in different ways. What do you think was his most important leadership example?

Questions for Young Chautauquans

- Why am I (or should I be) remembered in history?

- What hardships did I face, and how did I overcome them?

- What is my historical context (what else was going on in my time)?

Glossary

Altitude: a measure of height above sea level.

American Civil War: a war in the United States between the North and the South fought between 1861 and 1865.

Bureau of Ethnology: an agency created to document the history and language of the Indians of North America.

Canyon: a deep narrow valley with steep sides and often with a stream or river flowing through it.

Crevice: a narrow opening caused by a split or crack.

Cultures: beliefs, social practices, and characteristics of a group.

Determined: having reached a firm decision.

Document: to provide written information about or proof of something.

Elevation: the height to which something is raised above sea level.

Expeditions: trips made by a group of people for the purpose of discovery.

Fortunate: lucky.

Fossils: traces, prints, or the remains of plants or animals of a past age preserved in earth or rock.

Fourteener: a mountain that is 14,000 feet above sea level or higher.

Geography: the study of Earth's people, land, climate, and resources.

Geology: the study of the history of Earth and its life, especially as recorded in rocks.

Grammar: the rules about how to use words correctly in writing and speaking.

Habitats: places where plants or animals naturally or normally live or grow.

Hemorrhage: a great loss of blood from a broken blood vessel.

Immigrated: came into a foreign country to live.

Musket ball: a type of bullet.

Natural history: the study and description of the natural world, including minerals and fossils.

Pioneers: first people from other countries or regions to explore or settle new areas.

Preacher: a person who gives talks about religion or leads religious services; also called a pastor.

Rapid: a part of a river where the current flows fast usually over rocks.

Slavery: owning another person. Slavery of African Americans was common in the American South before the Civil War.

Smithsonian Institution: a museum in Washington, DC, that keeps a record of American history, scientific exploration, and different cultures of the United States.

Specimens: portions of materials for use in testing or examination.

Topographic: showing the heights and depths of the features on maps or charts.

Trekked: made one's way slowly and with great effort.

Uncharted: not recorded or located on a map, chart, or plan; unknown.

Timeline

1834
John Wesley Powell was born.

1838
Wes and his family moved to Jackson, Ohio.

1846
The Powell family moved to Wisconsin, and Wes managed the family farm.

1852
Wes began teaching in a one-room country school in Wisconsin.

1857
Wes became a curator for the Illinois State Natural History Society.

1861
Colorado became a territory of the United States. Wes volunteered to serve in the Union army. He married Emma Dean. His arm was amputated after the Battle of Shiloh.

1865
Wes became a professor of geology at Illinois Wesleyan University.

1867
Wes led students to Colorado to collect nature samples. The group climbed Pikes Peak and Mount Lincoln.

1868
A second Powell expedition returned to Colorado to climb Longs Peak.

Timeline

1869
Wes and his crew of nine men traveled down the Colorado River and through the Grand Canyon in boats.

1871
Wes made a second trip down the Colorado River and through the Grand Canyon to map the river and canyon.

1876
Colorado became the 38th state.

1879
Wes became director of the Bureau of Ethnology in the Smithsonian Institution.

1881
Wes became the director of the U.S. Geological Survey.

1902
John Wesley Powell died on September 23.

1963
Lake Powell was created and named after John Wesley Powell.

Bibliography

Cook, Jean Thor. *John Wesley Powell: Soldier Explorer Scientist.* Palmer Lake, Colorado: Filter Press, 2006.

Flanagan, Mike. "Out West." *The Denver Post Magazine* (1986): 6–7.

John Wesley Powell of the U.S. Geological Survey. United States Department of the Interior / Geological Survey, (Date?): 2–23.

John Wesley Powell Soldier Explorer Scientist. United States Department of the Interior Geological Survey. U.S. Government Printing Office, 1970: 376–373.

Lake Powell Resorts and Marinas. "Glen Canyon Park History." Accessed July 11, 2012. http://www.lakepowell.com/glen-canyon-history.aspx.

Malone, David. "The One-Armed Explorer." Wheaton College Archives and Special Collections. March 10, 2009. http://recollections.liblog.wheaton.edu/2009/03/10/the-one-armed-explorer/.

Perry, Phyllis J. *A Kid's Look at Colorado.* Golden, Colorado: Fulcrum Publishing, 2005.

Powell, John Wesley. *Canyons of the Colorado.* Project Gutenberg, 1902. iTunes edition.

Powell Museum. "The Life of John Wesley Powell." Accessed July 11, 2012. http://www.powellmuseum.org/museum_powell.php.

Worster, Donald. *A River Running West: The Life of John Wesley Powell.* New York: Oxford University Press, 2001.

Index

About This Series

In 2008 Colorado Humanities and Denver Public Schools' Social Studies Department began a partnership to bring Colorado Humanities' Young Chautauqua program to DPS and to create a series of biographies of Colorado historical figures written by teachers for young readers. The project was called Writing Biographies for Young People. Filter Press joined the effort to publish the biographies in 2010 under the series title Great Lives in Colorado History.

The volunteer teacher-writers committed to research and write the biography of a historic figure of their choice. The teacher-writers learned from Colorado Humanities Young Chautauqua speakers and authors and participated in a four-day workshop that included touring three major libraries in Denver: The Stephen H. Hart Library and Research Center at History Colorado, the Western History and Genealogy Department in the Denver Public Library, and the Blair-Caldwell African American Research Library. To write the biographies, they used the same skills expected of students: identify and locate reliable sources for research, document those sources, and choose appropriate information from the resources.

The teachers' efforts resulted in the publication of thirteen biographies in 2011 and twenty in 2013. With access to the full classroom set of age-appropriate biographies, students will be able to read and research on their own, learning valuable

research and writing skills at a young age. As they read each biography, students will gain knowledge and appreciation of the struggles and hardships overcome by people from our past, the time period in which they lived, and why they should be remembered in history.

Knowledge is power. The Great Lives in Colorado History biographies will help Colorado students know the excitement of learning history through the life stories of heroes.

Information about the series can be obtained from any of the three partners:

Filter Press at www.FilterPressBooks.com
Colorado Humanities at www.ColoradoHumanities.org
Denver Public Schools at curriculum.dpsk12.org

Acknowledgments

Colorado Humanities and Denver Public Schools acknowledge the many contributors to the Great Lives in Colorado History series. Among them are the following:

The teachers who accepted the challenge of writing the biographies
Dr. Jeanne Abrams, Director of the Rocky Mountain Jewish Historical Society and Frances Wisebart Jacobs subject expert
Paul Andrews and Nancy Humphry, Felipe and Dolores Baca subject experts
Dr. Anne Bell, Director, Teaching with Primary Sources, University of Northern Colorado
Analía Bernardi, Spanish Translator, Denver Public Schools
Mary Jane Bradbury, Colorado Humanities Chautauqua speaker and Augusta Tabor subject expert
Joel' Bradley, Project Coordinator, Denver Public Schools
Sue Breeze, Colorado Humanities Chautuaqua speaker and Katharine Lee Bates subject expert
Betty Jo Brenner, Program Coordinator, Colorado Humanities
Tim Brenner, editor
Margaret Coval, Executive Director, Colorado Humanities
Michelle Delgado, Elementary Social Studies Coordinator, Denver Public Schools
Jennifer Dewey, Reference Librarian, Denver Public Library, Western History Genealogy Department
Jen Dibbern and Laura Ruttum Senturia, Stephen H. Hart Library and Research Center, History Colorado
Coi Drummond-Gehrig, Digital Image Sales and Research Manager, Denver Public Library

Susan Marie Frontczak, Colorado Humanities Chautauqua
speaker and Young Chautauqua coach

Tony Garcia, Executive Artistic Director of El Centro Su
Teatro and Rodolfo "Corky" Gonzales subject expert

Melissa Gurney, City of Greeley Museums, Hazel E. Johnson
Research Center

Jim Havey, Producer/Photographer, Havey Productions,
Denver, Colorado

Josephine Jones, Director of Programs, Colorado Humanities

Beth Kooima, graphic designer, Kooima Kreations

Jim Kroll, Manager, Western History and Genealogy
Department, Denver Public Library

Steve Lee, Colorado Humanities Chautauqua speaker and
Otto Mears subject expert

April Legg, School Program Developer, History Colorado,
Education and Development Programs

Nelson Molina, Spanish language editor and translation
consultant

Terry Nelson, Special Collection and Community Resource
Manager, Blair-Caldwell African American Research
Library and Fannie Mae Duncan subject expert

Jessy Randall, Curator of Special Collections, Colorado
College, Colorado Springs, Colorado

Elma Ruiz, K–5 Social Studies Coordinator, Denver Public
Schools, 2005–2009

Keith Schrum, Curator of Books and Manuscripts, Stephen H.
Hart Library and Research Center, History Colorado

William Thomas, Pike Peak Library District

Danny Walker, Senior Librarian, Blair-Caldwell African
American Research Library

Dr. William Wei, Professor of History, University of Colorado,
Boulder, and Chin Lin Sou subject expert

☞ *John Wesley Powell* 37

About the Author

Suzanne Curtis taught grades 2, 3, and 4 in Texas, Arizona, and Colorado and now teaches in Denver Public Schools. She is honored to write about John Wesley Powell because he is an important part of Arizona, Colorado, and United States history.

Mrs. Curtis attended Arizona State University and Northern Arizona University. She lives in Arvada, Colorado, with her husband, Mike, and their two beagles, Katrina and Jasper.